QUELQUES VUES

POUR

UNE NOUVELLE

LÉGISLATION

ÉLECTORALE.

> Le droit commun fait peur aux uns,
> le monopole irrite les autres : ceci est
> une transaction.

Paris, 2 Janvier 1831.

Je viens tenir, Monsieur, l'engagement que j'ai pris
envers vous de vous soumettre le résultat de l'examen
approfondi et impartial que je viens de faire de l'importante question de l'électorat. Suivant ma promesse
et votre désir, je ne viens vous exposer que des idées
que je crois neuves, miennes, et dont la publicité ne
s'emparera que lorsque vous le jugerez bon et utile.
Je serai bref et succinct. Voici donc ces idées :

L'impôt ou l'argent, adopté, dans tous les systèmes
d'élection, comme base essentielle de ces systèmes,
créant des priviléges au lieu d'offrir des garanties,
comportant trop d'arbitraire en soi et donnant naissance à de trop grandes inégalités, me semble, joint
aux résultats ou mauvais ou inefficaces, qu'il n'a cessé
de produire jusqu'à présent, la base la plus vicieuse
qu'on puisse choisir. Tant de refontes et de remanie-
mens de notre code électoral, depuis 1791, attestent
que ce n'est pas la diffusion des branches qui embar-

rasse , mais l'arbre lui-même , auquel elles adhèrent , qui est stérile ou inhabile à porter de bons fruits. Ne perdons pas , en conséquence , un temps désormais précieux à l'émonder , le tailler ou le greffer. Laissons cette souche inerte : adressons-nous ailleurs.

Ne pensez-vous pas, Monsieur, que le gouvernement qui, depuis tant d'années , s'amuse à fonder de splendides prix en faveur de la solution plus ou moins lumineuse de questions ou hygiéniques ou scientifiques, dont l'intérêt n'est pas toujours suffisamment palpable ou démontré, ferait beaucoup mieux d'en proposer un à l'auteur de la meilleure loi d'élection possible ? Certes, ce serait là , a coup sûr, de l'argent bien employé, et qui profiterait mille fois plus au pays que celui qui est dépensé à la solution de tant de questions vaines. En attendant que le prix soit fondé , cette dissertation sera mon apport au concours.

Il y a long-temps que j'entends dire que l'égalité est la passion dominante des Français. Moi je trouve qu'il n'y a pas d'assertion plus fausse et plus difficile à prouver. Il n'y a pas , au contraire , de nation au monde si vaine, et dont la passion dominante soit plus celle des distinctions et des priviléges. Dans ce bon, cet excellent pays de France , je remarque que chacun souhaite que son voisin , quand il est haut placé, descende à son niveau , mais ne souffre pas, quand ce voisin est au-dessous, qu'il s'y élève.

C'est cette égalité, ainsi entendue, qui, depuis 1789, a donné à la partie mitoyenne de la société toute la puissance par les priviléges qu'elle s'est progressivement arrogés, et du partage desquels elle a constamment repoussé la classe populaire. C'est en vertu et à cause de cette soif d'aristocratie bourgeoise, que toutes les lois qui ont régi la matière électorale, au lieu de fonder des garanties, n'ont jamais consacré que des priviléges : de là, leur insuffisance et leur mobilité. Je le déclare donc, et ceci est le résultat de ma profonde conviction, l'impôt est de toutes les bases la plus radicalement mauvaise; et si, sur un sujet aussi grave, il est permis de jouer sur les mots, je dirai que le cens choque le bon sens.

Tout bien réfléchi et compensé, il n'y a qu'un élément qui soit véritablement bon, c'est *l'intelligence;* on ne saurait assez s'en persuader. Sans doute, la difficulté de l'employer et de l'appliquer n'est pas petite; mais c'est à cela qu'il faut tendre par tous les efforts possibles; et, au lieu de se rejeter, par pénurie d'idées ou par découragement, sur des équivalens vicieux, il faut marcher franchement et droit à l'obstacle. Cela vaut mieux que de le tourner et de le laisser debout.

Avant de pousser plus avant, je dirai qu'après l'intelligence, de tous les élémens employés jusqu'à ce jour le moins illusoire est l'impôt assis sur la propriété foncière. A la rigueur, on pourrait bien en faire découler

un système électoral assez satisfaisant ; mais tous autres
impôts doivent être exclus. Celui-là n'offre de base que
par sa garantie.

Des deux capacités offertes au législateur pour en
tirer l'élément de l'électorat , celle de l'homme ou de
l'intelligence que j'appelle base morale , celle de l'impôt ou de l'argent que j'appelle matérielle ; l'une ex-
primerait certainement la vérité, l'autre ne pent exprimer et jusqu'à ce jour n'a effectivement exprimé qu'une
fiction , un mensonge. C'est donc de faire prévaloir la
vérité sur l'erreur qu'il est maintenant question. Le
suffrage universel qui est le plus conforme à l'équité,
blessant par trop la raison et offrant de graves dan-
gers, il est évident qu'avec l'intelligence , nous restons
dans le privilége. Mais , au lieu d'en resserrer le cercle ,
comme le fait l'impôt, nous l'élargissons sensiblement.
Est-il d'ailleurs un plus noble , un plus beau privilége
que celui de l'intelligence ? Ne le subissons-nous pas à
chaque instant en tout et partout ? Félicitons-nous si
nous parvenons à l'appliquer.

Faisons encore une petite halte. Outre que l'expérience a fait justice de toutes les lois d'élection basées
sur l'impôt en faisant ressortir le vice inhérent à leur
principe, il n'est pas hors de propos de faire remarquer
que ce principe , tout condamné qu'il est , se blessait
lui-même avec une iniquité révoltante. Il conférait le
droit sans rime ni raison , à tort et à travers. Ceci est
très facile à prouver : commençons par l'impôt foncier.

Dans toutes les législations faites à ce sujet , l'impôt foncier comptait au propriétaire , soit rural , soit urbain , et il n'y a rien de plus évidemment injuste. En effet , à commencer par le propriétaire urbain , je vais faire toucher ceci au doigt. Définissons d'abord la propriété un capital dont on tire une rente , soit un revenu ; c'est ce revenu , et non le fonds , sur lequel est assis et perçu l'impôt. Or ce revenu , qui le fournit , sinon le locataire sur lequel le propriétaire le prélève à titre de loyer dans lequel se trouve enclavée et comprise , par le prix même de la location , la portion afférente de l'impôt payé au fisc ? Cela est clair, évident, incontestable. Venons au propriétaire rural ou producteur. Celui-ci agit identiquement comme son confrère de la cité ; il comprend dans les frais de son exploitation terrienne et reporte sur ses vignobles et ses céréales le montant de l'impôt que son champ est tenu d'acquitter , et la production chargée de tous les frais qu'elle lui a coûtés est livrée par lui , *moyennant remboursement* , à la consommation qui s'en empare en payant. L'impôt foncier , en bonne justice , devrait donc , comme on le voit , compter au consommateur seul , de même qu'au locataire ; et , comme il serait difficile d'arriver directement au premier , le second devrait en être rémunéré , à l'exclusion du propriétaire qui , comme on le voit , en jouit , soit aux champs, soit à la ville , à titre gratuit et par l'effet d'une flagrante spoliation. Cet argument me semble si victorieux, si peu susceptible de rétorsion que j'avoue que j'aurais une grande curiosité d'entendre ce qu'on y pourrait objecter autre que des lieux communs.

Du moment, dis-je, qu'on fait dériver de l'impôt le privilége ou la capacité électorale, voyez que de gens s'en trouvent frustrés qui y ont des droits aussi clairs, aussi incontestables que les propriétaires et les patentés ? Ces gens, ce sont ces nombreux consommateurs qui paient au fisc, par le moyen de l'impôt indirect, une somme de droits plus que suffisante pour établir et légitimer leur prétention à une carte d'électeurs. J'ai pour voisin, sur même palier, un digne employé dans je ne sais quelle administration sinécuriste, aux appointemens de 4,000 fr., à qui, depuis deux ans, je n'ai vu qu'un même habit et un même chapeau, dont l'appartement comporte bien les deux tiers d'une pièce, et dont tous les appointemens passent chez les restaurateurs, les débitans de liquides et à la civette. Je parierais que cet homme serait du grand collége s'il y avait encore les deux degrés d'élection. Pour moi, qui ne suis rien moins qu'un Lucullus et un Appicius, je suis fermement convaincu que je suis virtuellement électeur.

Puisque nous en sommes au vieil élément de l'impôt, plaçons un mot touchant la nouvelle loi électorale sortie de l'usine législative de MM. Laffitte et compagnie. On a fait, et avec raison, à cette belle combinaison des deux cents plus imposés, ou, en d'autres termes, du cens relatif substitué au cens absolu, une objection assez sérieuse. C'est le cas qui ne manquera pas d'échoir de l'inégalité choquante des droits électoraux qui, enlevés dans un département riche à tel contribuable qui paie peut-être 200 fr. et plus, seront reportés dans un département peu favorisé sur tel contribuable qui ne paie pas 100 fr. Mais l'objection la plus forte, et qui n'a pas été faite, est celle-ci : il est très probable qu'après avoir descendu l'échelle du ou des plus imposés, en partant de 1 à 199, il pourra se faire que pour ce deux centième électeur, se présentent deux, dix, peut-être vingt individus payant la *même* cote et ayant conséquemment un titre égal. Que fera-t-on ? Cette base de relation est donc essentiellement mauvaise, et l'expérience en fera, comme de ses aînées, bonne et prompte justice.

Si, comme dans l'ancienne constitution de la monarchie, la nation n'était consultée aujourd'hui que sur l'importance, l'assiette et la répartition de l'impôt, ainsi que cela se pratiquait en France par le moyen des assemblées de provinces ou des états provinciaux; si, comme sous l'empire de cette vieille, et à beaucoup d'égards, fort regrettable constitution, le roi était toujours le législateur exclusivement né de son peuple, je concevrais l'électorat basé sur le cens monétaire; car, dans ce cas, il n'y aurait rien de plus juste et de plus raisonnable que d'appeler l'impôt à débattre, stipuler ou contrôler l'impôt. L'intelligence des intérêts matériels est à la portée de tout le monde, et il est assez rare que cette intelligence s'égare ou faillisse ; mais aujourd'hui qu'il s'agit, pour le pays, de nommer des législateurs, c'est-à-dire des hommes qui doivent concourir à la confection de lois , tout ensemble politiques, criminelles, civiles, financières et administratives, j'avoue ingénuement que je recule d'effroi à la pensée que le choix de tels hommes dérive uniquement d'une faculté aussi inintelligente, aussi aveugle, aussi fatale même, que celle de l'argent. Ma raison épouvantée n'admet pas qu'un état puisse marcher à une condition aussi insensée; elle n'aperçoit dans cette voie funeste, en fin de compte et pour résultat final, que ruine et désastres; ma raison me dit conséquemment de rejeter l'impôt.

Elle me dit de même, et avec autant de force, que le suffrage universel, les assemblées primaires, la citoyenneté active, toute combinaison, enfin susceptible de conférer la capacité électorale aux classes inférieures de la société, est une combinaison aussi choquante que la première, et en outre, et à coup sûr, plus périlleuse; car si, comme le disait Strafford à ses juges, il est impossible de faire un cheval blanc avec cent lapins blancs, si, de tous les assemblages de fous possibles vous ne pouvez pas faire résulter un sage, un homme capable de vingt, de cent hommes incapables, comment arriverait-on jamais à former une bonne voix de mille suffrages recueillis dans une mul-

titude ignorante et bornée? évidemment cela ne se
peut, *vox populi, vox Dei*, est un proverbe d'une
monstrueuse absurdité. La voix du peuple n'a droit
d'être écoutée et d'être comptée pour quelque chose,
que lorsqu'elle exprime des besoins et des souffrances,
hors de là il faut la laisser crier dans le désert, et lorsqu'il est question de la consulter sur des choix qui in-
téressent l'état, et peuvent contribuer à sa prospérité
ou à sa ruine, avoir toujours devant les yeux le paysan
d'Aristide.

Je sens ici le besoin de me recueillir un instant.
S'il ne s'agissait que de trancher un·nouveau nœud
gordien, la chose serait bientôt faite, et assurément il
n'y faudrait pas grand effort; mais c'est de le dénouer
qu'il est question, et comme il est serré passablement,
la tâche veut à la fois de la patience et du travail. Or,
tout labeur exige un peu de repos et commande quelques pauses. Je vous dis ceci parce que je vois que je
n'apporte pas toute la suite désirable dans l'émission
de mes idées, et que j'écris *currente calamo* et en me
laissant nonchalamment aller au fil de ces mêmes idées.
Que voulez-vous? c'est ma manière : l'ordre et la clas-
sification ne sont pas mon fort. Je suis l'antipode né de
la méthode : il faut me prendre comme je suis, et s'il y
a du bon en \[...\] le trier, le classer, et faire, en le
mettant en \[...\], qu'il soit utile à quelque chose. Ne
vous rebutez donc pas si je procède un peu par sauts
et par bonds, et si je reviens souvent sur mes pas. La

nature ne m'a donné d'écrire qu'à cette condition. Tout ce qui sent la gêne me pèse, et je n'ai jamais pu faire rien qui vaille sur un thème prescrit. Si vous savez le ravissement qu'on éprouve, par un beau jour d'été, à suivre, mollement couché dans une frêle nacelle, le cours d'une onde transparente, et, en dérivant, à voir fuir dans un bleu lointain des bords couronnés de fleurs et d'herbes verdoyantes! si vous avez jamais goûté cette volupté-là vous comprendrez la façon dont j'écris : c'est à bâtons rompus.

Très certainement il n'y avait au monde qu'une assemblée nationale, où de profonds rêves creux comme ces habitans de l'île volante de *Laputa*, dont Gulliver nous parle dans ses voyages, pour imaginer et mettre en circulation une combinaison électorale telle que celle qui repose sur la base trinitaire du territoire, de la population et de l'impôt, mélange incohérent et bizarre, amalgame indigeste de problèmes tout à la fois géométriques, arithmétiques et financiers; restés et condamnés à rester éternellement sans solution, par la raison qu'ils sont invinciblement insolubles. N'y a-t-il pas lieu de gémir lorsqu'on songe qu'il y aura tantôt un demi-siècle qu'on pressure cette malheureuse combinaison pour en extraire ce qu'elle ne comporte pas? La vérité. Se peut-il donc que tant d'hommes graves ne s'en soient pas aperçus, qu'ils n'aient pas pressenti avant l'épreuve décisive de l'application combien cette théorie était decevante, que c'était bâtir sur le sable

que de bâtir sur un terrain pareil, et que l'édifice fra-
gile qu'ils élevaient sur des fondations elles-mêmes si
fragiles, lésardé de toutes parts avant le temps, ne
tarderait guère, quelque soin qu'on pût prendre à l'é-
tançonner et à reboucher ses crevasses, à s'écrouler, en
ensevelissant l'état entier sous ses décombres? Voilà
ce qui était visible pour quelques bons esprits qui n'ont
pas le privilége d'être législateurs patentés et jurés; et
voilà ce que nous avons vu arriver en juillet 1830,
ce qui arrivera infailliblement de rechef si, pour nos
péchés, le ciel permet que nous restions dans le gouvernement constitutionnel (qu'il faut bien se garder de
confondre avec le gouvernement représentatif), et si
nous persévérons à ne pas sortir des voies où, dans le
principe, nous a si inconsidérément engagés l'assemblée constituante.

Ce qu'il y a vraiment de singulier dans notre des-
tinée, comme peuple, c'est que nous faisons toutes nos
révolutions en faveur de la *liberté* et de l'*égalité* et que,
je ne sais comment la chose se fait et s'arrange, nous
ne pouvons jamais parvenir à mettre la main dessus :
ce sont pardieu! les sauterelles politiques de l'époque;
lorsque nous croyons les tenir, nous ne tenons rien,
c'est toujours à courir après, à recommencer. Les char-
latans qui, dans ces momens-là, ne manquent pas de
s'emparer de la direction de nos affaires pour rétablir
ou arrondir les leurs, ont toujours d'excellentes raisons
et de fort belles paroles à nous donner pour nous ex-

horter à la patience; et, au fond, je trouve qu'ils n'ont
pas précisément tort : il y a tant de siècles depuis que
notre petit globe sublunaire a été attaché à la glèbe de
la gravitation dans l'espace, que cette pauvre espèce
humaine, dont vous et moi faisons partie, attend et la
liberté et le bonheur, qu'elle peut bien faire encore
crédit de quelques autres siècles à tous les intrigans
qui le lui demanderont. Un jour viendra, il faut l'espé-
rer, qu'on s'acquittera enfin envers elle, capital et intérêts. Si ce jour-là ne se lève pas pour nous, eh bien!
il se lèvera pour ceux qui doivent nous suivre : ne
soyons pas ridicules à force d'exigence.

Égalité ! liberté ! mots sublimes ! n'êtes-vous donc
qu'un rêve, qu'une déception amère et sanglante ?
N'êtes-vous, ne devez-vous être toujours qu'une for-
mule d'enchantement à l'aide de laquelle des hypocrites
et des pervers auront la détestable puissance d'évoquer
du fond de l'abîme révolutionnaire l'esprit du mal,
du désordre et de la révolte ? N'êtes-vous, dans leur
main, que l'anneau constellé, le talisman funeste qui
met en fuite, avec le *droit,* la vraie liberté des peuples
parce qu'elle est la seule compatible avec leur bonheur ?
Faut-il vous haïr si vous ne procurez, si vous n'avez
jamais procuré que l'oppression, la dépendance et la
misère ?

Je disais tout à l'heure que nous faisions, c'est-à-dire
qu'on nous faisait faire, toutes nos révolutions dans le

but très louable de conquérir la liberté et l'égalité, et que, dès que le coup de collier était donné, la grande perturbation sociale consommée, nos gouvernans à tout titre mis à la porte et renouvelés, nous nous retrouvions exactement comme auparavant, j'entends ni plus égaux ni plus libres, puisque notre condition ne subissait aucune amélioration. En vérité nous sommes de grands fous ! nous sommes depuis long-temps en possession de la liberté et de l'égalité civiles, les seuls droits auxquels nous puissions collectivement prétendre, et qui ne sauraient, sous aucun prétexte, nous être déniés, et poussés par je ne sais quel inexplicable vertigo, nous ne voulons pas comprendre que cela doit nous suffire et que l'égalité politique, telle que nous la représentent et nous la promettent de faux docteurs ne saurait jamais être notre lot; que c'est une déception, une chimère, à laquelle, comme des niais, nous sacrifions et notre repos et nos intérêts matériels. Depuis quarante ans que de pères en fils nous tournons dans ce cercle, nous sommes encore, à la honte de notre sagacité nationale, à nous en apercevoir. Ne nous en apercevrons-nous donc jamais? serons-nous perpétuellement, éternellement la proie des journalistes, des praticiens, des banquiers, des hommes d'affaires ou des prétoriens? Vil troupeau de brebis imbéciles, notre laine servira-t-elle sans cesse à les couvrir, notre chair à les substanter? Il est impossible qu'un abus semblable dure plus long-tems. La France ne peut pas rester dans un tel état de dégradation; il faut, de toute nécessité, qu'elle ouvre les yeux. N'en doutez pas : elle les ouvrira. Malheur alors aux misérables jongleurs qui jusque-là l'auront séduite et abusée !

Ma barque a fait un peu de chemin , et les sinuosités de l'onde m'ont entraîné assez loin du bord. Quelques légers coups de rame , et j'y reviens. Plus de digressions. Je rentre dans mon sujet pour ne plus en sortir, et vais tâcher d'aborder le grand *Arcanum*.

J'ai dit , au commencement de cette lettre , que l'impôt comme base de la capacité électorale , devait être écarté ; j'en ai donné des raisons que je crois satisfaisantes , bien que sommairement indiquées. J'ai posé le principe incontestable que l'intelligence était le meilleur fondement de toute loi d'élection. Je n'ai pas à le prouver , parce qu'on ne prouve pas la lumière à ceux qui voient, et que c'est chose superflue pour les aveugles. J'ai à indiquer le moyen d'approprier cette base à son objet. Voici mes idées sur ce point :

Il va sans dire, et il tombe naturellement sous le sens , comme on le pense bien, que par l'intelligence il ne peut être aucunement question ici de l'intelligence personnelle, mais de celle qui doit se supposer et s'approximer par la nature ou le plus ou moins de libéralité de la profession. Ce serait un autre travail d'Hercule au-dessus des forces et de la perspicacité humaines que d'entreprendre le recensement statistique de la capacité intrinsèque des individus, et je ne vois pas trop comment on arriverait à former un jury capable de cet examen. Ce n'est donc que par masses intelligentes qu'il est possible de procéder. Or, aujourd'hui que nous avons une Charte que le souverain a déclarée devoir être une vérité, ce qui signifie qu'on en tirera toutes les conséquences qu'elle renferme, je trouve qu'il est facile d'arriver à ces masses intelligentes chargées, en définitive, d'exprimer le véritable vœu du pays.

D'abord, et avant tout, je pars du principe qui ne saurait être plus long-temps éludé, de l'affranchissement des communes ; je prends, comme un fait accompli, qu'un système municipal et départemental en harmonie avec les besoins de l'époque, l'esprit de la France et de ses institutions nouvelles, et offert comme légitime satisfaction à la haine incessamment croissante de la centralisation, est accordé à la longue et impatiente attente du royaume enfin émancipé.

Je suppose, et cette supposition pour quiconque observe avec attention l'esprit de notre temps et le revirement qui s'opère dans les idées, équivaut à un fait plus ou moins prochain, je suppose que, grâces aux efforts et aux admonitions éloquentes du prêtre courageux qui est l'apôtre des temps modernes, la société catholique rompant les liens indignes qui la tiennent asservie à César et à l'état, recouvre, en subventionnant

2

elle-même et volontairement les ministres de son culte, une indépendance trop long-temps étouffée et avilie.

Les deux grandes clefs de voûte trouvées, la commune et l'église rendues à leur première et antique liberté, nous n'avons plus qu'à bâtir l'édifice électoral sur la base de l'intelligence, et pour cela les matériaux s'offrent à notre main de toutes parts.

Quarante-quatre mille communes et au moins quarante-quatre mille paroisses nous donnent, d'un seul coup, quatre-vingt-huit mille électeurs à raison d'un maire et d'un curé pour une commune et son presbytére. Voilà déjà, comme vous voyez, une première mise de fonds assez respectable, et si je n'erre point, il me semble que c'est l'équivalent précis de tout ce que l'impôt nous a numériquement donné jusqu'aujourd'hui, par le moyen des lois qui ont régi la matière électorale.

Quarante-quatre mille communes nous donnent un effectif d'environ cent quarante mille officiers de tous grades pris dans notre milice nationale.

Quatre-vingt-sept départemens nous donnent quatre-vingt-sept conseils généraux, autant d'électeurs; auxquels nous adjoignons :

L'ordre judiciaire inamovible ,

Les avoués ,

Les agens de change ,

Les chambres de commerce ,

Les corporations savantes reconnues.

Voici pour la première et la grande catégorie que, j'appellerai la part du pays.

Comme il est juste que le pouvoir ait la sienne, que jusqu'ici, ou on la lui a faite, ou qu'il se l'est faite lui-même parce que tout équilibre a ses lois et ses conditions, le seconde catégorie se composera :

Des préfets , sous-préfets , etc. ,

Des fonctionnaires amovibles de l'ordre judiciaire,

Des receveurs généraux et particuliers ,

Des officiers des armées de terre et de mer.

Des pairs de France. L'élément aristocratique placé comme le lien , comme le modérateur entre la royauté et le pays , doit, à ce titre, avoir aussi une part d'influence quelconque. En Angleterre , où cette influence découle naturellement de la position personnelle de la pairie, dont les membres possèdent presque exclusivement la totalité du sol, une pareille concession serait injuste en principe et d'ailleurs , en résultat, superflue; mais , en France, où l'institution de la pairie est purement nominale, l'élément qu'elle est appelée à représenter, celui d'une aristocratie riche et terrienne, ayant un intérêt distinct à défendre et à jeter comme contrepoids indispensable et salutaire entre la couronne et le peuple, cet élément, dis-je, n'existant pas, il est donc sage de conférer à notre pairie une part (qu'on ne saurait jamais faire trop large) au privilége de l'électorat, afin qu'elle puisse exercer une action réelle en quelque endroit et sur quelque chose, et ne pas être, en réalite, sous un titre différent, une autre chambre basse, expression surabondante de l'intérêt démocratique, ce qu'elle n'est que trop, et bien regrettablement, dans sa condition actuelle, vice d'engrainage qui, sans nul doute, est la seule cause de ce que notre machine représentative fonctionne si mal, ou pour mieux dire, ne marche pas.

Si, ce qui n'est pas d'une médiocre importance dans un objet comme celui-ci, on veut bien prendre la peine de faire la récapitulation numérique des citoyens appelés, par cette combinaison, à exercer l'électorat, soit qu'on ne les mette en ligne de compte que comme de simples unités, soit qu'on apprécie aussi en eux cette valeur morale qui est presque toujours l'attribut inséparable des classes et des agrégations, on trouvera pour résultat qu'à aucune époque, sous l'empire d'aucune législation, quelque libérale qu'elle ait pu être, un nombre aussi considérable d'électeurs n'a été formé; que, jamais les élémens de l'électorat n'ont été plus heureusement diversifiés, plus en rapport, en harmonie parfaite avec les intérêts généraux, dont la collection forme l'essence de toute société constituée. Que, partout, satisfaisant au besoin impérieux de l'époque, dans cette combinaison, l'intelligence s'associe à l'impôt, le prime sans l'exclure, et que, réciproquement par elle, l'impôt se dépouille de son caractère d'inertie et de cécité en se fondant dans l'intelligence et en s'y épurant comme l'or au creuset. Je vais vous rendre la chose sensible, et je me flatte que vous en tomberez d'accord, car rien n'est plus fondé.

L'électorat constitué sur les bases que j'ai choisies, je crois qu'on peut évaluer, sans crainte de tomber dans une trop forte erreur, de quatre à cinq cent mille la masse totale des électeurs qu'il produira. C'est donc, comme vous le voyez, le plus large résultat qu'on ait encore obtenu, car c'est à peu près le soixantième de la population de la France, ce qui nous rapproche sensiblement de la base si chère aux partisans et aux admirateurs passionnés des œuvres de l'assemblée constituante, en nous épargnant l'inconvénient des deux degrés, des citoyens actifs, et de ces assemblées primaires, véritables comices indignes d'une nation comme la nôtre; indignes, car il n'est pas sage d'appeler à l'exercice d'un droit politique les classes infimes d'une société. De quelque argument qu'on s'appuie là-dessus, je ne l'accorde pas. Ma conviction, que je crois très saine, est arrêtée à cet égard. Qu'est-ce que des électeurs d'électeurs? des électeurs. Leur action sur le choix des députés est médiate, il est vrai, mais, en résumé et dans le fond, ce sont eux qui élisent; or,

voilà précisément ce que le bon sens ne tolère pas.
Quoi qu'on en dise, tout le monde n'est pas apte à un
tel droit. Vous remarquerez toutefois que, dans ma
combinaison, ce mode n'est pas si rigoureusement pro-
hibé qu'il ne puisse trouver quelque porte dérobée pour
s'introduire. Mais au moins, ce n'est pas d'une manière
absolue comme dans la loi de 1791. Avec la loi qui
doit affranchir les départemens et les communes et
réaliser, sous une autre forme, les sages adminis-
trations provinciales du ministre homme de bien
(M. Turgot), avec celle qui confère aux gardes na-
tionales le choix de leurs officiers, voilà, bien certainement, les deux degrés et les électeurs primaires;
mais les voilà comme il convient qu'ils soient ; ils
interviennent comme contingent, comme partie du
tout, mais non comme principe adéquat. De cette
façon , ils sont supportables et sans danger.

Jetez un nouveau coup d'œil sur les classes de citoyens qui concourent, dans mon système, aux fonctions
électorales, et dites-moi si l'impôt, bien qu'il ne soit
plus la condition essentielle et unique, a lieu de se
plaindre de sa situation nouvelle ? Pensez-vous qu'il y
ait beaucoup de propriétaires et de patentés qui ne
fassent pas partie de mes différentes catégories ? Pour
moi, je ne le pense pas. L'impôt, comme je le dis plus
haut, est primé, mais non pas exclu par l'intelligence ;
il joue le seul rôle pour lequel il soit fait : celui de
subordonné.

Il me semble que je dois avoir fini avec les électeurs, et que, par l'adoption de mes moyens, l'intelligence est désormais introduite dans la loi et placée au rang qu'elle doit tenir. Que si la question ne vous paraît pas suffisamment débattue et éclaircie, je n'ai qu'une chose à vous dire, un conseil à vous donner : c'est de faire ce que j'ai fait moi-même, d'y réfléchir consciencieusement, de peser froidement les argumens pour ou contre que votre raison pourra vous suggérer. Alors vous demeurerez convaincu, comme je le suis, qu'il n'y a pas de voie autre et moins inconvéniente pour l'admission de l'intelligence à l'électorat, et sa substitution à l'impôt désormais condamné et rejeté par tous les publicistes.

Bien que vous ne m'ayez demandé mon avis que sur la meilleure base possible d'une loi d'élections, en ce qui concerne les électeurs, il ne m'est pas possible de terminer sans dire un mot des éligibles. Je ne sais pas si c'est une question qui me touchera jamais, il n'importe : je veux faire comme les maçons lorsqu'ils ont fini de bâtir une maison qui ne doit pas les loger, ils l'ornent d'un bouquet; couronnons donc le faîte de mon petit édifice électoral par son bouquet naturel : parlons des éligibles.

Je ne suis nullement partisan de l'abaissement de l'âge à leur égard. Quel que soit l'agrément de certaines plaisanteries sur le compte de ceux qui ont l'avantage, d'autres diront le malheur, d'avoir vécu, quelque sel délicat que renferme l'ingénieuse dénomination de *gérontes* qui leur est appliquée par ce qu'on appelle, je ne sais pas bien pourquoi, la *Jeune France*, toujours est-il que je crois à la sagesse des vieillards, ou au moins à leur expérience, ce qui est une autre sagesse et peut-être la meilleure des deux. Vous qui savez que la date de ma naissance est postérieure de plus d'un lustre à celle de l'aurore de tous nos malheurs, j'entends par-là la *glorieuse* révolution de 1789, vous m'accorderez qu'il y a quelque désintéressement dans cette conviction. D'ordinaire, ce n'est pas (s'il est permis de mêler quelques idées futiles à des matières sérieuses comme celles-ci) lorsqu'on a tous ses cheveux et que nul frimas n'a nuancé leur couleur de jais, ce n'est pas lorsqu'on a toutes ses dents dans sa bouche, et qu'on lit sans lunettes du pont tournant l'heure que marque l'horloge du château, que les gens peuvent vous dire lorsque vous prenez en main la cause de ceux qui vous ont dès long-temps précédé dans la carrière de la vie : « Mais tournez-vous de grâce et l'on vous *comprendra.* » En un mot, il est difficile d'admettre qu'on soit, à trente-cinq ans, de la classe des momies ; ce n'est donc pas, le fait est évident, pour, mais bien plutôt contre moi que je parle, et si la préférence que j'accorde à la vieillesse pour exercer les hautes fonctions de législateur peut sembler bien arriérée, bien du temps de *Vateau* et de madame de *Pompadour,* au moins n'est-elle pas dénuée de générosité : voilà ce qu'on ne peut, ce me semble, avec quelque justice, me refuser.

Dussé-je exciter contre moi l'indignation de tous les colléges et de toutes les écoles de la capitale, et même du royaume entier, je ne fais nulle difficulté d'avouer qu'en général je n'ai pas une foi bien vive dans les jeunes hommes de notre époque, et que cette soi-disant capacité que de méprisables flatteurs se complaisent à exalter en eux, est comme tous ces fruits de serre chaude que n'a point mûris le soleil et qu'on a trop hatés, une chose sans goût et sans saveur. Jugez donc si, avec une opinion semblable, je puis accorder à la jeunesse une part dans le privilége important de faire des lois; et, supposé que moins contempteur de mes jeunes contemporains, je leur reconnusse, en effet, ces grands talens que le libéralisme leur décerne si impudemment, eh! bien, je n'en voudrais pas davantage pour députés! Et tous ceux qui connaissent leur *Gironde* par cœur, qui savent sur le bout du doigt leur *Vergniaud*, leur *Guadet*, leur *Barbaroux*, et même leur *Barnave*, seront, je n'en doute pas, de mon avis. Qu'est-ce, après tout que le talent de la parole, assez commun en France, sans l'expérience des années et des affaires? Un flambeau brillant qui brûle plus qu'il n'éclaire, un météore trompeur à la surface d'un précipice, un sentier fleuri qui conduit à des ruines. Sans descendre dans le passé des quarante dernières années et sans qu'il soit nécessaire de remonter jusqu'au déluge, c'est-à-dire jusqu'à la législative et à la convention , jetons les yeux sur ce qui se passe autour de nous , dans notre propre chambre des députés : quelle inintelligence des matières d'état , quelle inaptitude aux affaires , quelle insuffisance déplorable chez ces jeunes députés que la révolution de juillet a comme fait éclore de dessous ses pavés , et qu'elle a brutalement jetés du fond de leur bureau de journalistes au pied de la tribune nationale ou dans quelques cabinets de ministres ! Excluons , Monsieur , les jeunes gens de notre république électorale ; maintenons les quarante ans de l'ancienne loi.

Les éligibles doivent-ils être astreints à justifier d'un cens quelconque ? Vous savez aussi bien que moi tous les argumens pour la négative , qui ont été ressassés dans les journaux du grand et du petit format par cette foule famélique de Solons et de Lycurgues que le malheur des temps a condamnés à n'être , pour le moment , propriétaires que de leur plume et de leur écritoire , et qui préludent au sacerdoce législatif à coups de petits feuilletons ou de mémoires contemporains. Or, comme je n'admets point la solidité de ces argumens , je vous en fais grâce et je passe outre , posant ou plutôt maintenant le principe très sage qui exige que l'éligible présente des garanties basées sur la fortune. Rien de plus facile à justifier que cette disposition.

Un éligible , sans fortune , ne peut nécessairement trouver de moyens d'existence que dans l'exercice d'une industrie quelconque. Il faut, cela est clair, qu'il soit industriel, praticien, journaliste ou employé; il le faut, parce qu'il ne peut exister qu'à cette condition. Or un industriel, qui a sa fortune à faire, préférera le soin de ses propres intérêts au soin de ceux du pays, et refusera, en conséquence, l'honneur, sans profit, des fonctions de député. Qui dit praticien sans fortune dit avocat sans causes. Sentez-vous la conséquence? Celui-ci se gardera bien de refuser. Mais quel fléau que de pareils hommes au sein des assemblées délibérantes ! Vous savez, tout le monde sait ce qu'ils coûtent à la France depuis quarante ans. Méfions-nous donc des gens de chicane qui n'ont rien, ainsi que de ceux qui ont quelque chose. La France se fera-t-elle représenter par des journalistes ? Quelle ignoble représentation ! *Proh pudor !* des brouillons, des intrigans qui ne monteront à la tribune, ne prendront la parole qu'avec l'intention de faire du scandale, de soulever des questions bien inflammables, le tout dans le but d'approvisionner les colonnes de leurs méprisables feuilles de phrases bien ampoulées et bien redondantes, d'augmenter le nombre des martyrs-abonnés ou d'arracher au pouvoir quelques fonctions donnant finances. Est-ce enfin à des employés du gouvernement, à ceux qui vivent du budget, que nous décernerons notre mandat ? Autant vaudrait confier à des Russes et à des Prussiens la défense de nos places fortes; aux Bédouins, la conservation de notre belle colonie d'Alger. Ressusciterons-nous, en faveur de nos mandataires, pour mieux assurer leur indé-

pendance, l'allocation des 18 fr. par jour des membres
de l'assemblée législative? Mais réfléchissez que, si nous
entrons dans cette voie, il n'y a pas de raison pour que
le peuple qui, aujourd'hui, est le *souverain*, ne se de-
mande, avec cette logique de bon sens qui lui est si
familière depuis Adam, pourquoi, ne soldant ses re-
présentans législatifs qu'à raison de 18 fr. par tête, il
allouerait à son représentant exécutif du Palais-Royal
l'énorme somme de 18 millions. L'inégalité entre les
deux listes civiles serait par trop choquante; et, si je
l'ai bien lu quelque part, déjà, en 1792, cette inégalité avait été l'objet de vives réclamations. C'est, je
crois, le capucin-député Chabot, celui qui n'entrait
chez Louis XVI que le chapeau sur la tête (de peur de
déroger), qui, le premier, s'est plaint d'un état de
choses aussi indécent. Mais laissons la plaisanterie. Oui,
cent fois oui, les éligibles doivent être censitaires, et
au cens le plus élevé possible. Il le faut; la raison le
veut. Quiconque possède un jugement droit en demeu-
rera d'accord; sur ce point, je suis encore heureux de
pouvoir déclarer que je suis désintéressé.

Avant de conclure, touchons un mot des formes de
l'élection. Je suis ennemi déclaré de la nomination à
la majorité absolue. Cette condition peu réfléchie devrait être, à tout jamais, exclue de la loi, et remplacée
par celle des deux tiers des suffrages; car, avec ce beau
système de la majorité absolue, le candidat de l'opinion vaincue n'est repoussé qu'à quelques voix près.

Or quelques voix de moins n'empêchent pas une opinion d'être importante et digne, à tous égards, d'avoir une représentation dans la Chambre ; ce qui n'a pas lieu, par le fait de sa déconfiture, au collége électoral. L'ilotisme politique est, pour une nombreuse classe de Français, la conséquence de cette disposition. Ajoutez, en outre, qu'elle ouvre un vaste champ à la corruption et à la cabale ; et puis, avec cette majorité absolue, on fait que ce sont les opinions, et non les intérêts qui sont représentées, ce qui perpétue dans un pays l'irritation et la collision en parquant les habitans du sol en vainqueurs et en vaincus, résultat très important et très impolitique. Avec cette large et imposante majorité des deux tiers des voix, on arrive forcément à faire primer l'homme des intérêts généraux sur l'homme des partis et des factions, et c'est ce que l'impassible législateur doit avoir toujours en vue.

J'ai fini. Non que je n'aie encore une foule d'argumens, que je crois bons, à produire ; mais j'imagine qu'ils viendront d'eux-mêmes à votre esprit, et je vous laisse le soin de les peser. En somme, ne trouvez-vous pas qu'une loi d'élection, faite sur les bases que j'indique, est la seule qui soit conforme à la raison et en rapport avec les sentimens qui ont fait explosion sous le canon de juillet ? Moi, chétif, rétrograde et incurable royaliste, je le juge ainsi. Mais nos grands vainqueurs, nos marchands de *libéralicon*, ces fervens sectateurs de l'opinion *politico-pneumatique*, vulgairement appelée *libérale*, jugeront-ils de même ? Cela est fort douteux. Voyez comme ils procèdent depuis qu'ils ont fait invasion dans le pouvoir : c'est un pulk de cosaques campé sur les terres de la liberté. Au surplus, qui peut être assez simple pour s'en étonner ? Ne sait-on pas que la devise de ces messieurs est : « Tout par le peuple, rien pour lui ? »

Léon GUIBERT.

IMPRIMERIE DE Mme Ve POUSSIN, RUE ET HÔTEL MIGNON, N° 2.